# LA PÊCHE

## dans les rivières du Département de la MAYENNE

### Son Régime

d'après les Règlements en vigueur au 1er Janvier 1912

Par J.-C. ACHARD
Président de l'Association des Pêcheurs à la ligne de Laval

LAVAL
IMPRIMERIE-LIBRAIRIE Ve A. GOUPIL

**Prix : 0,75**

# LA PÊCHE

## dans les rivières du Département de la MAYENNE



---

**Son Régime**

**d'après les Règlements en vigueur au 1er Janvier 1912**

**Par J.-C. ACHARD**

Président de l'Association des Pêcheurs à la ligne de Laval



LAVAL

IMPRIMERIE-LIBRAIRIE Ve A. GOUPIL

1912

# NOTE DE L'AUTEUR

*J'ai publié en 1910 un opuscule intitulé :* **Droits et Obligations du Pêcheur à la ligne dans les différents cours d'eau du département de la Mayenne.**

*« Ce petit ouvrage pourra être fort utile, m'écrivait après « sa publication M. l'Inspecteur des Eaux-et-Forêts du « Mans, et il était bon d'inscrire côte à côte les droits et les « devoirs des pêcheurs à la ligne. En tous cas, j'ai en mains « un petit Manuel qui groupe bien des renseignements que « je possède épars, et une brève recherche m'épargnera des « heures de courses à travers ces bonnes archives adminis- « tratives. »*

*Sortant du cadre restreint de la pêche à la ligne, j'ai rassemblé et condensé ici à peu près tout ce qui se rapporte à la pêche en général dans le département.*

*J'ai l'espoir que ce nouvel ouvrage remplira, comme le premier, le but que je me suis imposé : renseigner et être utile sans autre prétention que celle de faire par ainsi œuvre* respublicaine.

*Je le soumets et le dédie à mon ami et mon maître en didactique piscicole,* M. Paulze d'Ivoy, *ancien président de la Fédération des Sociétés de pêche du Bassin de la Loire, membre de la Commission de la pêche fluviale instituée au Ministère de l'Agriculture.*

J.-C. Achard,

***Président de l'Association des Pêcheurs à la ligne de Laval.***

# CHAPITRE I^er

## Rivières navigables :

*La Mayenne canalisée comprise entre Brives et le département de Maine-et-Loire ;*
*La partie de la Sarthe canalisée traversant ou longeant le département de la Mayenne aux environs de Pincé.*

### A. — Droit d'exercice.

Dans la partie canalisée de la Mayenne comprise *entre Brives et Laval*, le droit de pêche s'exerce *au profit des riverains* à qui il n'a pas cessé d'appartenir. L'arrêt de la Cour de Cassation du 26 juin 1891 qui fait jurisprudence à cet égard est basé sur ce que « la Loi du 31 mai 1846 qui a « alloué certains crédits pour des travaux à effectuer dans « cette partie de la Mayenne ne contient aucune disposition « qui enlève le droit de pêche aux riverains pour le trans- « férer à l'Etat et qu'elle ne saurait, par suite, avoir eu cet « effet. » La situation n'a pas changé depuis, dit le *Dictionnaire pratique de Droit rural et des Usages ruraux du département de la Mayenne* ; il faudrait, pour la modifier, un Décret spécial après enquête *de commodo et incommodo* et versement d'une indemnité aux riverains dépossédés du droit de pêche, conformément aux termes de l'article 3 de la Loi du 15 avril 1829.

*Entre Laval et le département de Maine-et-Loire*, le droit de pêche dans les biefs de la Mayenne navigable est exercé *au profit de l'Etat*, en vertu de l'article premier de la Loi du 15 avril 1829. En conséquence, la pêche a été mise en adjudication par les soins de l'Administration des Ponts-et-Chaussées pour une durée de neuf ans, à dater du 1^er janvier 1905.

Les résultats de l'adjudication sont consignés dans le tableau suivant :

| Numéros | DÉSIGNATION des LOTS ADJUGÉS, AMODIÉS OU RÉSERVÉS | Longueur des Lots | Prix d'adjudication |
|---|---|---|---|
| | | Mètres | Francs |
| 1 | De l'aval du barrage de Laval, à l'amont du barrage d'Avesnières . . . . . . . . . . | 1.200 | 170 |
| 2 | De l'aval du barrage d'Avesnières, à l'amont du barrage de Cumont . . . . . . . . . | 2.800 | 970 |
| 3 | De l'aval du barrage de Cumont, à l'amont du barrage de Bonne . . . . . . . . . . | 3.700 | 150 |
| 4 | De l'aval du barrage de Bonne, à l'amont du barrage de Port-Rhingeard. . . . . . | 1.700 | 120 |
| 5 | De l'aval du barrage de Port-Rhingeard, à l'amont du barrage de Persigand . . . . | 1.100 | 450 |
| 6 | De l'aval du barrage de Persigand, à l'amont du barrage de Briassé. . . . . . . . . . | 3.500 | 495 |
| 7 | De l'aval du barrage de Briassé, à l'amont du barrage de la Benâtre . . . . . . . . | 2.600 | Réservé |
| 8 | De l'aval du barrage de la Benâtre, à l'amont du barrage de la Fosse . . . . . | 2.100 | 60 |
| 9 | De l'aval du barrage de la Fosse, à l'amont du barrage de la Rongère. . . . . . . . | 5.800 | 355 |
| 10 | De l'aval du barrage de la Rongère, à l'amont du barrage de Neuville . . . . . | 3.200 | 210 |
| 11 | De l'aval du barrage de Neuville, à l'amont du barrage de la Roche-de-Maine . . . . | 3.300 | 110 |
| 12 | De l'aval du barrage de la Roche-de-Maine, à l'amont du barrage de Mirwault. . . . | 2.500 | (1) 515 |
| 13 | De l'aval du barrage de Mirwault, à l'amont du barrage du Pendu. . . . . . . . . . | 2.900 | |
| 14 | De l'aval du barrage du Pendu, à l'amont du barrage de la Bavouze . . . . . . . . | 5.000 | |
| 15 | De l'aval du barrage de la Bavouze, à l'amont du barrage du Gué du Ménil. . . . . . . | 2.000 | 64 |
| 16 | De l'aval du barrage du Gué du Ménil, à l'amont du barrage de Formusson. . . . | 4.000 | 150 |
| 17 | De l'aval du barrage de Formusson, à l'emplacement de l'ancien barrage de Port-Joulain, limite du département de Maine-et-Loire (bief de La Jaille-Yvon). . . . . | 3.400 | 100 |

(1) Ces trois lots ont été *amodiés à l'amiable* à la Société de Pêcheurs à la ligne « La Castrogontérienne » en vertu de la Loi du 20 Janvier 1902.

Le bail comprend la pêche opérée au moyen de tous les engins ou procédés non interdits par les Lois, Décrets et Arrêtés préfectoraux qui sont ou seront en vigueur pendant toute la durée dudit bail (1).

L'adjudicataire d'un lot de pêche a la faculté :

1° D'accorder des permissions de pêche dites « *Grandes permissions* » et conférant la jouissance complète des droits qu'il tient du Cahier des Charges, à des personnes désignées nominativement et dont le nombre n'excèdera pas le chiffre spécifié audit Cahier des Charges ;

2° D'accorder des permissions de pêche dites « *Petites permissions* » et portant autorisation de pêcher avec toutes les lignes permises par les Règlements à d'autres personnes désignées nominativement en nombre limité par les stipulations du Cahier des Charges.

Les permissionnaires sont astreints, d'une manière générale, en ce qui concerne l'exercice et la police de la pêche, à toutes les obligations stipulées au Cahier des Charges à l'égard de l'adjudicataire.

*Dans la partie de la Sarthe canalisée* traversant ou longeant le département de la Mayenne, le droit de pêche est aussi exercé *au profit de l'Etat.*

Dans tous les lots de pêche de la Mayenne adjugés selon le tableau précédent et dans la partie de la Sarthe traversant ou longeant le département de la Mayenne, il est permis à tout individu de pêcher à la ligne flottante (2) tenue

(1) Les Règlements sur la pêche procèdent par méthode *d'interdictions*, comme on le verra dans les articles suivants concernant la règlementation de la pêche dans chaque catégorie de rivières, de sorte qu'en principe, on peut considérer comme autorisés tous les engins ou procédés de pêche qui ne sont pas mentionnés comme étant interdits.

(2) Cette permission ne confère pas en même temps celle de circuler et de stationner sur les rives. En ce qui concerne particulièrement la Mayenne, voici ce que dit le *Dictionnaire pratique de Droit rural et des Usages ruraux du département de la Mayenne* : « Même dans la partie de la Mayenne où le droit de « pêche appartient à l'Etat, les propriétaires riverains peuvent « s'opposer, non à la pêche, mais au passage et au stationnement « des pêcheurs sur leur propriété, la *servitude* de halage ou de « marchepied ne donnant droit de passer que pour les besoins de « la navigation. » D'autre part, le Règlement général de police

à la main, le temps du frai excepté (1) (article 5 de la Loi du 15 avril 1829).

Dans les lots n[os] 1 et 2 de la Mayenne, lots qui ont été adjugés à la Municipalité de Laval, tout individu a la faculté de pêcher avec deux lignes en vertu des termes d'un article spécial du Cahier des Charges ainsi conçu : « Si, sur un « cantonnement, il n'est pas fait usage d'engins de pêche « autres que la ligne plombée ordinaire et la ligne flottante, « le nombre des permissions de pêche sera illimité à la con- « dition que le pêcheur ne puisse se servir simultanément « de plus de deux lignes. »

Enfin, dans les lots n[os] 12, 13 et 14 qui ont été *amodiés à l'amiable* à la Société de Pêcheurs à la ligne *La Castrogontérienne,* chacun des Membres de cette Société quel qu'en soit le nombre, reçoit une Permission nominative de pêche pour trois lignes, la Société ayant pris l'engagement conformément aux prescriptions du Décret du 17 février 1903 de renoncer à l'emploi de tous filets et tous engins de pêche autres que la ligne plombée ordinaire et la ligne flottante.

## B. — Réglementation.

— Les époques pendant lesquelles la pêche est interdite en vue de protéger la reproduction du poisson sont fixées comme il suit :

1° Du 30 septembre exclusivement au 10 janvier inclusivement est interdite la pêche du saumon ;

2° Du 20 octobre exclusivement au 31 janvier inclusivement est interdite la pêche de la truite et de l'ombre-chevalier ;

3° Du lundi qui suit le 15 avril inclusivement au dimanche qui suit le 15 juin exclusivement est interdite la pêche

du 8 octobre 1901 dit à l'article 59 : « Il est défendu de stationner « et de circuler sur les passerelles et autres dépendances des « écluses et barrages, à moins qu'elles ne soient aménagées pour « servir de passage public. » La pêche à la ligne flottante peut être pratiquée en bateau, mais à la condition de se pourvoir auprès du Préfet d'une *Autorisation de faire usage d'un bateau pour la pêche* moyennant redevance payée au Trésor Public.

(1) C'est-à-dire : excepté pendant les périodes d'interdiction de la pêche.

de tous les autres poissons. Si le lundi qui suit le 15 avril est un jour férié, l'interdiction est retardée de vingt-quatre heures.

Les interdictions prononcées dans les paragraphes précédents s'appliquent à tous les procédés de pêche, même à la ligne flottante tenue à la main.

— La pêche de l'écrevisse n'est permise que du 1er juillet au 14 septembre inclusivement ; pendant cette période, elle ne peut être pratiquée que du lever au coucher du soleil. La pêche doit s'effectuer avec des balances à mailles de 27 millimètres ; ces mailles doivent être bien ouvertes sur toute l'étendue des balances ; l'ardoise ou le plomb destiné à protéger l'appât ne doit pas avoir plus de 10 centimètres de diamètre.

— On ne peut, en aucune saison, faire usage de filets ou d'engins quelconques à mailles ou à espacements entre verges de 10 millimètres, sauf exceptions indiquées ci-après :

1° Sur la partie de la Mayenne canalisée comprise entre Brives et le département de Maine-et-Loire, il peut être fait usage *pour la pêche de l'anguille*, mais seulement en dehors de la période d'interdiction, de nasses et bosselles à verges espacées de 10 millimètres, à condition que la largeur du goulot n'excède pas 4 centimètres de diamètre, quelle que soit la largeur du pavillon ;

2° Sur la partie de la Mayenne canalisée comprise entre Brives et le département de Maine-et-Loire et sur la partie de la Sarthe canalisée traversant ou longeant le département de la Mayenne, il peut être fait usage et *seulement pour la pêche des petites espèces* (1) du carrelet dit goujonnier, à mailles de 10 millimètres, à condition qu'aucun de ses côtés n'ait une longueur supérieure à 2 mètres (2).

— L'emploi du « brouillon » ou « araignée » est interdit dans la Mayenne canalisée et dans la partie de la Sarthe

(1) Telles que goujons, loches, vairons, ablettes et autres.

(2) *Pour la pêche des grandes espèces* autres que le saumon, les mailles des filets mesurées de chaque côté après leur séjour dans l'eau et l'espacement des verges des bires, nasses et autres engins employés, doivent avoir la dimension de 27 millimètres au moins. La mesure des mailles et l'espacement des verges sont pris avec une tolérance d'un dixième.

canalisée traversant ou longeant le département de la Mayenne (1).

— Sur la Mayenne canalisée, les bateaux employés à la pêche avec des filets fixes, aussi bien que tous les batelets de pêche doivent tous les soirs, aux heures où la pêche est interdite, être amarrés à la rive (2).

— Aux époques où elle est permise, la pêche du saumon, de l'alose et de la lamproie dans le bief de La Jaille-Yvon (rivière la Mayenne canalisée), peut avoir lieu de 30 à 250 mètres en aval du barrage de Formusson deux heures au plus tôt avant le lever du soleil et se continuer deux heures au plus tard après son coucher avec les engins ci-après :

1° Pour les saumons, les paniers bires, nasses ou carrelets vergés ou maillés à 40 millimètres ;

2° Pour l'alose et la lamproie, les mêmes engins vergés ou maillés à 27 millimètres.

Ces dispositions ne sont pas applicables à la pêche avec les filets traînants spécifiés ci-après ; l'emploi desdits filets traînants n'est autorisé qu'entre le lever et le coucher du soleil.

— L'emploi des filets traînants désignés sous les noms de grande seine, vouillée, tramail, sidéreau, sdour, sdoreau, est autorisé dans le bief de La Jaille-Yvon (rivière la Mayenne canalisée) du 11 janvier au 30 septembre inclusivement, entre le lever et le coucher du soleil, pour la pêche

(1) Est autorisé dans ces rivières l'emploi de toutes les autres espèces de filets, fixes ou mobiles, formant *nappes verticales* concurremment avec les filets formant *nappes horizontales* tels que le carrelet et le petit épervier jeté à la main et manœuvré par un seul homme, à la condition que les mailles des uns et des autres aient au moins 27 millimètres.

(2) Les adjudicataires et les titulaires de « Grandes permissions » sont exemptés pour le stationnement des batelets employés par eux de l'obligation d'obtenir du Préfet l'autorisation de stationner moyennant redevance payée au Trésor Public par application de l'arrêté du Ministre des Finances et des Travaux Publics en date du 3 août 1878. Toutefois, les adjudicataires peuvent être astreints au payement d'une redevance au profit des Communes spécialement et régulièrement autorisées à cet effet par application de la Loi du 5 avril 1884.

du saumon, de l'alose, du mulet, de la carpe, du brochet, de l'anguille, de la lamproie, de la perche, de la brême, du dard ou vendoise, à condition que les mailles auront au moins 40 millimètres.

Tous les filets autres que ceux désignés ci-dessus sont rigoureusement prohibés (1).

— Pendant la période annuelle des écourues, il est interdit de pêcher dans tout bief dans lequel l'eau sera descendue à 30 centimètres en contre-bas du dessus du déversoir d'aval.

Toutefois, dans ces biefs, la pêche à la ligne flottante est autorisée jusqu'à une distance de 30 mètres au moins des ouvrages d'art (barrages, écluses et ponts). Les Membres des Sociétés de Pêcheurs à la ligne (2), les titulaires de licences de pêche et les adjudicataires de la pêche peuvent seuls faire usage de trois lignes.

— Le bief de la Benâtre, compris entre l'amont du barrage de ce nom et l'aval du barrage de Briassé (Lot n° 7 de la Mayenne), a été *réservé* pour la reproduction du poisson jusqu'au 31 décembre 1914. Toute pêche, même à la ligne flottante, y est absolument interdite pendant l'année entière (Décret du 27 décembre 1910).

## C. — Surveillance.

Sur la partie canalisée de la Mayenne qui traverse le Département, il n'existe pas de garde-pêche spécial. La surveillance est exercée par les éclusiers (3) au nom du gou-

(1) Suivant les termes de l'article 35 de la Loi du 15 avril 1829, « les fermiers et porteurs de licences traiteront de gré à gré avec « les propriétaires riverains pour l'usage des terrains dont ils « auront besoin pour retirer et asséner leurs filets. » Le chemin de halage établi le long de la Mayenne, constituant une simple servitude et le sol de ce chemin n'ayant point cessé d'appartenir aux riverains, lesquels ont le droit d'y faire la récolte des herbes, l'article de Loi précité semble devoir s'appliquer à l'usage de ce sol.

(2) Il faut comprendre : les Membres des Sociétés de Pêcheurs à la ligne amodiataires de biefs dans les conditions de la Loi du 20 janvier 1902 et du Décret du 17 février 1903. Telle est *La Castrogontérienne.*

(3) Quelques écluses sont desservies par des femmes.

vernement et dans l'intérêt général ; ils sont tenus, en conséquence, de constater les délits spécifiés au Titre IV (Conservation et Police de la pêche) de la Loi du 15 avril 1829.

Les délits qui portent préjudice aux propriétaires riverains (entre Brives et Laval) et aux fermiers de la pêche ou porteurs de licences (entre Laval et la limite du département de Maine-et-Loire) sont constatés par leurs gardes particuliers qui doivent être, au préalable, agréés par le Préfet. Ces délits peuvent aussi être constatés par les éclusiers, les gardes-champêtres et autres officiers de police judiciaire, lorsque les intéressés ne font pas eux-mêmes respecter leur droit (1).

(1) Ce droit est consacré par l'article 5 de la Loi du 15 avril 1829 ainsi conçu : « Tout individu qui se livrera à la pêche sur des « fleuves et rivières navigables ou flottables, canaux, ruisseaux « ou cours d'eau quelconques, sans la permission de celui à qui « le droit de pêche appartient, sera condamné à une amende de « 20 francs au moins et de 100 francs au plus, indépendamment « des dommages-intérêts. Il y aura lieu, en outre, à la restitu- « tion du prix du poisson qui aura été pêché en délit, et la con- « fiscation des engins de pêche pourra être prononcée. »

# CHAPITRE II

## Rivières non navigables

*Y compris :*
*La partie de la Mayenne non canalisée (depuis son entrée dans le département jusqu'à Brives) ;*
*La partie non navigable de la Sarthe qui pénètre dans le département près de Saint-Cénéri ;*
*La partie de l'Oudon située dans le département.*

### A. — Droit d'exercice.

Toutes les rivières ou parties de rivières non navigables qui arrosent le département relèvent de l'article 2 de la Loi du 15 avril 1829 : *Les propriétaires riverains ont, chacun de son côté, le droit de pêche jusqu'au milieu du cours de l'eau, sans préjudice des droits contraires établis par possession ou titres.* Ce droit de pêche est absolu ; il comprend l'emploi de toutes les lignes et de tous les filets et engins non prohibés par les Règlements. Nul autre que les propriétaires riverains ne peut pêcher, même à la ligne flottante, ni de la rive ni en bateau, sans leur permission.

La Loi n'ayant pas réservé sur les rivières non navigables la permission pour tout individu de pêcher à la ligne flottante tenue à la main comme elle l'a fait pour les rivières navigables, les amateurs de pêche se forment dans certains endroits en Sociétés qui afferment aux propriétaires riverains leur droit de pêche. Dans le département de la Mayenne, ces Sociétés sont actuellement au nombre de huit :

1° L'*Association des Pêcheurs à la ligne de Laval ;*

2° *La Gaule de Saint-Pierre-sur-Erve,* Association Syndicale des Pêcheurs à la ligne de Saint-Pierre-sur-Erve, Vaiges, Thorigné, Bannes ;

3° *La Suzannaise,* Association Syndicale des Pêcheurs à la ligne de Sainte-Suzanne ;

4° L'*Association des Pêcheurs à la ligne d'Ernée ;*

5° L'*Union des Pêcheurs à la ligne Chemeré-Saulges,* Association Syndicale des Pêcheurs à la ligne des communes de Chemeré le-Roi et Saulges ;

6° L'*Association des Pêcheurs à la ligne d'Andouillé, de Saint-Germain-le-Guillaume et de Chailland ;*

7° *Le Gardon de la Seiche,* Société Amicale des Pêcheurs à la ligne de Cuillé et environs ;

8° *La Perche de Chammes,* Association Syndicale des Pêcheurs à la ligne de Chammes.

## B. — Réglementation.

Les époques pendant lesquelles la pêche est interdite en vue de protéger la reproduction des poissons vivant dans les rivières non navigables du département, sont fixées comme il suit :

1° Du 20 octobre exclusivement au 31 janvier inclusivement est interdite la pêche de la truite et de l'ombre-chevalier ;

2° Du lundi qui suit le 15 avril inclusivement au dimanche qui suit le 15 juin exclusivement est interdite la pêche de tous les autres poissons. Si le lundi qui suit le 15 avril est un jour férié, l'interdiction est retardée de vingt-quatre heures (Période d'interdiction du printemps).

Les interdictions ci-dessus s'appliquent à tous les procédés de pêche, même à la ligne flottante tenue à la main.

En outre, pour favoriser la propagation de la truite, la pêche est interdite d'une façon absolue, *pour toutes les espèces de poissons,* du 1er au 31 janvier et du 21 octobre au 31 décembre dans les cours d'eau ci-après :

La Varenne ;

La Colmont, ainsi que les ruisseaux de la Gauberdière, de la Teulière, du Parc et de la Turlaie ;

L'Ernée et les ruisseaux de Chevaillé, du Rolland, du Bois-Béranger et de la Perche ;

Le ruisseau du Grand-Etang jusqu'à son confluent avec le Déron ;

La Mayenne dans toute sa partie non canalisée ;

Le ruisseau de Loup-Fougère, ainsi que l'Aron et ses affluents ;

Enfin, le Merdereau, la Vaudelle, l'Orthe, l'Aisne et ses affluents.

Par contre, dans ces mêmes cours d'eau, la pêche de la truite au moyen de la ligne flottante tenue à la main est permise pendant la période d'interdiction du printemps.

— La pêche de l'écrevisse n'est permise que du 1er juillet au 15 septembre inclusivement et ne peut être pratiquée que du lever du soleil à 10 heures du soir avec des balances à mailles de 27 millimètres, bien ouvertes sur toute l'étendue des balances. L'ardoise ou le plomb destiné à protéger l'appât ne doit pas avoir plus de 10 centimètres de diamètre.

— On ne peut, en aucune saison, faire usage de filets ou d'engins quelconques à mailles ou à espacements entre verges de 10 millimètres (1).

— L'emploi de toutes les espèces de filets, fixes ou mobiles, formant *nappes verticales*, est expressément interdit (2).

## C. — Surveillance.

Depuis la mise en vigueur du Décret du 7 novembre 1896, l'Administration des Eaux et Forêts a dans ses attributions la surveillance et la police de la pêche dans tous les cours d'eau non navigables du département.

Le personnel mis à sa disposition pour surveiller ces cours d'eau, se compose de 5 gardes résidant respectivement à Saint-Jean-sur-Mayenne, Craon, Ambrières, Gorron et Saint-Brice. Les 4 premiers de ces préposés sont des gardes-

(1) Les mailles des filets mesurées de chaque côté après leur séjour dans l'eau et l'espacement des verges des bires, nasses et autres engins employés, doivent avoir la dimension de 27 millimètres au moins. La mesure des mailles et l'espacement des verges sont pris avec une tolérance d'un dixième.

(2) En conséquence, il reste permis d'employer les filets formant *nappe horizontale* tels que le carrelet et le petit épervier jeté à la main et manœuvré par un seul homme.

pêche proprement dits, tandis que le 5e a pour rôle principal de veiller sur la forêt domaniale de Bellebranche.

On sait, d'ailleurs, que la mission de réprimer les délits de pêche dans le département n'est pas uniquement confiée au personnel spécial dont nous venons de parler.

Cette mission incombe également à la gendarmerie, d'abord, puis aux gardes-champêtres, enfin aux 6 cantonniers-chefs du service vicinal qui ont reçu du Ministre de l'Agriculture des commissions de gardes-pêche.

Les gardes particuliers des Sociétés de Pêcheurs à la ligne de Laval et d'Ernée sont aussi commissionnés en qualité de gardes des Eaux et Forêts.

Tous les agents cités ci-dessus exercent la surveillance au nom du Gouvernement dans l'intérêt général (article 36 de la Loi du 15 avril 1829). Pour exercer leur surveillance, ils ont le droit de passage sur la rive des cours d'eau depuis le lever jusqu'au coucher du soleil (article 3 de l'Arrêté Préfectoral du 4 octobre 1906).

Les délits qui portent préjudice aux propriétaires riverains sont constatés par leurs gardes particuliers (article 65 de la Loi); tous les agents cités ci-dessus peuvent constater également ces délits (article 36 de la Loi) (1).

(1) Lorsque, soit parce qu'il n'est pas propriétaire d'une grande étendue de rives, soit parce qu'il tient à ménager les susceptibilités locales, le riverain se désintéresse de la pêche et ne fait pas respecter son droit, l'Administration des Eaux et Forêts peut poursuivre pour infraction à l'article 5 de la Loi du 15 avril 1829 qui vise le délit de pêche sans la permission de celui à qui le droit de pêche appartient.

# CHAPITRE III

## Réglementation commune aux rivières navigables et non navigables

*Extraits : 1° De la Loi du 15 avril 1829 ; — 2° Du Décret du 5 septembre 1897 ; — 3° De l'Arrêté préfectoral réglementaire pour l'année 1912.*

### 1° Loi, du 15 avril 1829.

« ART. 25 (modifié par la loi du 18 novembre 1898). —
» Quiconque aura jeté dans les eaux des drogues ou appâts
» qui sont de nature à enivrer le poisson ou à le détruire,
» sera puni d'une amende de 30 francs à 100 francs et d'un
» emprisonnement d'un mois à trois mois. Ceux qui se
» seront servis de la dynamite ou d'autres produits de même
» nature, seront passibles d'une amende de 200 à 500 francs
» et d'un emprisonnement de trois mois à un an. »

### 2° Décret du 5 septembre 1897.

« ART. 4. — Quiconque, pendant la période d'interdiction,
» transporte ou débite des poissons dont la pêche est pro-
» hibée, mais qui proviennent des étangs et réservoirs, est
» tenu de justifier de l'origine de ces poissons.

« ART. 6. — La pêche n'est permise que depuis le lever jusqu'au coucher du soleil.

. . . . . . . . . . . . . . . . . . . . . . . . . . . . . .

» ART. 7. — Le séjour dans l'eau des filets et engins ayant

» les dimensions réglementaires, est permis à toute heure, » sous la condition qu'ils ne peuvent être placés et relevés » que depuis le lever jusqu'au coucher du soleil.

« Art. 8. — Les dimensions au-dessous desquelles les » poissons et écrevisses ne peuvent être pêchés, même à la » ligne flottante, et doivent être rejetés à l'eau, sont déter- » minées comme il suit pour les diverses espèces :

» 1° Les saumons, 40 centimètres de longueur. Cette pres- » cription s'applique indistinctement à tous les sujets de » l'espèce n'ayant pas la dimension ci-dessus fixée, quels » que soient d'ailleurs les différents noms dont on les dési- » gne, suivant les localités : tacons, tocans, glézys, gumoi- » sons, cadets, orgeuls, castillons, reneys, etc., etc. ;

» 2° Les anguilles, 25 centimètres de longueur ;

» 3° Les truites, ombres-chevalier, ombres communs, car- » pes, brochets, barbeaux, brêmes, meuniers, aloses, per- » ches, gardons, tanches, lottes, lamproies et lavarets, » 14 centimètres de longueur ;

» 4° Les soles, plies et flets, 10 centimètres de longueur ;

» 5° Les écrevisses à pattes rouges, 8 centimètres de lon- » gueur ; celles à pattes blanches, 6 centimètres de longueur.

» La longueur des poissons ci-dessus mentionnés est » mesurée de l'œil à la naissance de la queue ; celle de » l'écrevisse, de l'œil à l'extrémité de la queue déployée.

» Art. 9. — Il est interdit d'employer simultanément, à » la pêche, des filets ou engins de catégorie différente.

» Art. 11. — Les filets fixes ou mobiles et les engins de » toute nature ne peuvent excéder en longueur et en largeur » les deux tiers de la largeur mouillée des cours d'eau dans » les emplacements où on les emploie.

» Plusieurs filets ou engins ne peuvent être employés » simultanément sur la même même rive ou sur deux rives » opposées, qu'à une distance au moins triple de leur déve- » loppement.

» Lorsqu'un ou plusieurs engins employés sont en partie » fixes ou en partie mobiles, les distances entre les parties » fixées à demeure sur la même rive ou sur les rives oppo- » sées doivent être au moins triples du développement total » des parties fixes et mobiles mesurées bout à bout.

» Art. 12. — Les filets fixes employés à la pêche doivent » être retirés de l'eau et déposés à terre pendant 36 heures

» de chaque semaine, du samedi à 6 heures du soir au lundi » à 6 heures du matin.

» Art. 13. — Sont prohibés tous les filets traînants, à » l'exception du petit épervier jeté à la main et manœuvré » par un seul homme. Sont réputés traînants tous les filets » coulés à fond au moyen d'un poids et promenés sous » l'action d'une force quelconque. Est pareillement prohibé » l'emploi de lacets ou collets.

» Art. 14. — Il est interdit d'établir dans les cours d'eau » des appareils ayant pour objet de rassembler le poisson » dans les noues, boires, fossés ou mares dont il ne pour» rait plus sortir, ou de le contraindre à passer par une » issue garnie de pièges.

» Art. 15. — Il est également interdit :

» 1° D'accoler aux écluses, barrages, chutes naturelles, » pertuis, vannages, coursiers d'usines et échelles à pois» sons, des nasses, paniers et filets à demeure ;

» 2° De pêcher avec tout autre engin que la ligne flottante » tenue à la main, dans l'intérieur des écluses, barrages, » pertuis, vannages, coursiers d'usines et passages, ou » échelles à poissons, ainsi qu'à une distance de 30 mètres » en amont et en aval de ces ouvrages ;

» 3° De pêcher à la main, de troubler l'eau et de fouiller » au moyen de perches sous les racines ou autres retraites » fréquentées par le poisson ;

» 4° De se servir d'armes à feu, de poudre de mine, de » dynamite ou de toute autre substance explosive.

» Art. 17. — Il est interdit de pêcher dans les parties de » rivières, canaux ou cours d'eau dont le niveau serait acci» dentellement abaissé, soit pour y opérer des curages ou » travaux quelconques, soit par suite de chômage des usines » ou de la navigation. »

## 3° Arrêté préfectoral règlementaire.

Est interdit en tout temps l'usage des dards, fouanes, fourches, harpons, tridents, et de tout instrument destiné à harponner le poisson.

Il est interdit d'appâter les lignes, nasses et autres engins de pêche avec des poissons autres que l'ablette, le vairon, la vaudoise ou dard, la loche, le goujon et le chabot.

Il est interdit d'évacuer dans les canaux et cours d'eau navigables et non navigables du département, des matières susceptibles de nuire au poisson et provenant soit directement soit indirectement des fabriques ou autres établissements industriels quelconques.

Il ne pourra être déversé dans ces cours d'eau et canaux que des eaux qui ne contiennent aucune substance toxique et qui soient neutralisées, refroidies, clarifiées, rendues limpides, inodores, et non susceptibles de fermentation ultérieure.

Les eaux de réfrigération et de condensation et toutes les autres eaux nuisibles seulement par leur température, ne pourront être déversées dans les cours d'eau et canaux qu'après avoir été refroidies au moins jusqu'à 30 degrés.

# TABLE DES MATIÈRES

LAVAL. — IMPRIMERIE-LIBRAIRIE V<sup>e</sup> A. GOUPIL.

www.ingramcontent.com/pod-product-compliance
Ingram Content Group UK Ltd.
Pitfield, Milton Keynes, MK11 3LW, UK
UKHW012128240726
13965UKWH00005B/2040